Thomas Inselmann

Abendgedanken

Gedichte und Gedanken unserer Zeit

Herstellung und Verlag.
BoD – Books on Demand, Norderstedt

ISBN: 9783756881512

Bibliografische Informationen der Deutschen
Nationalbibliothek:
Die Deutsche Nationalbibliothek verzeichnet diese
Publikation in der Deutschen Nationalbibliothek;
detaillierte bibliografische Daten sind im Internet über:
http://dnb.dnb.de abrufbar.

Thomas Inselmann

Abendgedanken

Gedichte und Gedanken unserer Zeit

Atemlos

Augen lächeln,
Lippen zucken,
Brüste wippen,
Atem geht schnell.

Füße unruhig,
Hände zittern,
Herz rast,
Atem geht schneller.

Münder küssen,
Zungen rasen,
Hände tasten,
Atem rastet aus.

Körper beben,
Hüften tanzen,
Gefühle explodieren,
Atemlos.

Gib mir deinen Mund

Deine Augen locken mit Liebe,
dein Körper verführt zum Sex,
mit dir will ich die Nacht durchküssen,
zärtlich wie die Sommersonnenstrahlen,
gefangen zwischen deinen Schenkeln,
nachdem ich deine Brüste küsste,
kleine Süße, küss mich jetzt,
gib mir deinen Mund, oder muss ich noch warten?

Neugier auf dich

Ich hab dich lang nicht gesehen,
bist du noch so schön wie damals,
wie hast du dich verändert,
und wie war dein Leben bisher,
kann es sein, dass wir uns mögen,
oder sind wir völlig verschieden geworden?

Wann wird das sein?

Jede Nacht dich küssen,
das wäre mein Traum,
jede Nacht dich Verführen,
das wären meine Gelüste,
jede Nacht du neben mir,
wann wird das sein?

Die Sterne erzählen

Wenn man eine schöne Zeit hat,
fragt man sich, wie lange die wohl dauern wird.
Das ist ganz natürlich.
Die Sterne haben dazu folgende Antwort:
Wenn dir etwas Schönes gegeben wird oder du etwas Schönes erlebst, dann
halt die Hände offen und umarme es,
drück es an dein Herz und genieße es.
Und wenn es mal zuende ist, dann weißt du wenigstens noch,
wie schön es einmal war.
Und wenn es für immer ist, ist es für immer.
Doch egal wie es kommt, es soll so sein.
Deswegen muss man das kurze und das lange Glück,
jeden Tag aufs Neue ganz bewusst genießen.

Angst vor Feuer

Du bist das Feuer,
habe Angst mich an dir zu verbrennen,
will mich aber doch an dir wärmen.

Glücklich

Aufwachen, den Tag begrüßen, gut drauf sein,
den Alltagssorgen trotzen, keine Angst haben,
sich nicht selbst aufgeben, machen was man will,
Rücksicht walten lassen, nur wenn es geboten ist,
Meinungen anderer Leute sind mir egal,
mein Weg geht geradeaus, ohne Kurven,
allen Ballast fallen lassen, nur nach vorne sehen.

Manchmal muss man raus

Manchmal muss man raus,
einfach raus aus dem Haus,
um Gedanken zu sortieren,
und den Kopf zu formatieren,
dann in der Ferne begreifen,
welcher Plan muss reifen,
danach hat man wieder Mut,
und im Kopf ist alles gut.

Träumen von den Dingen

Ich werde immer träumen,
von den Dingen,
die mich bewegen,
den Dingen,
die mir wichtig sind,
meine Fantasie kennt keine Grenzen,
und ich gebe niemals auf.

Mia Bella

Abends bist du der letzte Gedanke,
morgens der erste für mich,
meistens Träume ich auch von dir,
von dem Duft deines Körpers,
dem Glanz der Augen,
der Weichheit deiner Haut.

Ich bin verzaubert von dir,
und verrückt nach dir,
wir sind uns so nah,
sind so endlos verliebt,
und es wird immer noch mehr,
ich liebe dich mia Bella.

Liebe mich noch immer

Ich suchte mich immer wieder,
machte viele Fehler dabei,
doch ich hab mich gefunden,
und liebe mich noch immer.

Mein Traum ist Wirklichkeit

All die Zeit,
die ich dich sah,
und dich nicht hatte,
all die Zeit,
habe ich andere mit dir verglichen,
und wusste nichts davon,
all die Zeit,
ist jetzt Geschichte,
mein Traum ist Wirklichkeit.

Meine Hände auf deiner Haut

Meine Hände,
auf deiner Haut,
sanft streichelnd,
zärtlich suchend,
wild kreisend,
langsam tastend,
endlich findend,
und dann von vorn.

Unglaublich wundervoll

Auch wenn man noch so alt wird,
das Verliebtsein ist immer frisch und jung,
es fühlt sich unendlich stark an,
und es ist unglaublich wundervoll.

In endloser Verliebtheit

Zum Abschied einen Kuss,
wenn ich das Weinglas hole,
zur Begrüßung einen Kuss,
wenn ich es bei mir habe,
trinken, küssen, trinken,
zum Abscheid einen Kuss,
wenn ich das Weinglas wegstelle,
zur Begrüßung einen Kuss,
wenn ich wieder bei dir bin,
und in deinen Armen liege,
in endloser Verliebheit.

Nach meinem Tod

Ich habe gelebt,
habe sehr viel erlebt,
und habe dabei auch nicht viel ausgelassen,
ich kenne die Palette der Gefühle gut,
ich war wie ich war,
so wie ich sein wollte,
also muss man sich freuen,
dass es mich gab,
soll niemand trauern um mich,
denn der Tod gehört dazu,
wie alles im Leben.

Waffenschein

Du bist schwer bewaffnet,
wirklich alles an dir,
braucht einen Waffenschein,
deine Augen,
sind nicht von dieser Welt,
ich bin tief in sie gefallen,
deine Küsse,
lassen alle anderen Küsse vergehen,
die ich zuvor küsste.

Kleinigkeiten im Leben

Den meisten Menschen fehlt es,
aufmerksam zu sein,
sie sind so stark von sich überzeugt,
und so endlos selbstsicher,
dass ihnen die Kleinigkeiten im Leben nicht auffallen.

Tage ohne dich

Die Tage ohne dich,
sind einsam,
sie tun weh,
sind trüb und leer,
die Stunden gehen langsam,
wollen nie vergehen,
das Herz wird ganz schwer,
im Körper brennt ein Feuer,
genährt von Einsamkeit,
von Sehnsucht und Verlangen,
und es tut so weh.

Durch die Nacht tragen

Du trägst mich durch die Nacht,
verzauberst mich aufs Neue,
wir reden und wir lieben uns,
wir lieben uns und wir reden,
so vergeht die Nacht im Fluge.

Blickwinkel

Verstehen kommt immer auf den Blickwinkel an,
und auf die Fähigkeit,
sich in jemanden hinein zu versetzen,
dann gibt es plötzlich kein Gut und kein Böse mehr.

Nordsee

Wellen rauschen,
Nordsee lauschen,
Wind verweht,
Zeit vergeht,
Gedanken treiben,
Gedichte schreiben,
endlos warten,
dann starten.

Es ist Nacht

Es ist Nacht,
mein Herz klopft an,
schmiege mich an deinen Körper an,
halt dich fest, träume still,
weil ich bei dir sein will,
lass dich nicht mehr los,
unsere Liebe ist so groß,
du bist so warm und weich,
niemand ist mit dir gleich,
Gedanken bei dir leise,
auf eine Art und Weise,
es ist Nacht...

Halt mich fest

Halt mich fest,
ich brauche dich,
sei bei mir,
ganz nah,
bleib in meinem Arm,
ganz fest,
für immer.

Kurze Feststellung

Ich möchte nur deine Zeit,
und deine Liebe,
mehr brauche ich nicht.

Das frisst dich auf

Als wir zusammen waren,
hast du nie etwas begriffen,
du wusstest nicht,
was du an mir hattest,
du kanntest nur deinen Weg,
ich war dir egal,
denn ich war einfach nur da,
jetzt erst fällt dir auf,
was dir fehlt, wie ich bin,
doch es ist zu spät,
das weiß ich genau,
ich bin wie immer,
doch jetzt ohne dich,
und das frisst dich auf.

Leuchtende Sehnsucht

Da ist ein helles Licht,
es leuchtet mir entgegen,
doch ich kann es nicht erreichen,
egal wie sehr ich mich anstrenge.

Das Leuchten ist die Sehnsucht,
nach dir, nach uns zusammen,
so oft, so schwer, so weit,
und ich kann es nicht ändern.

Augen, sie lügen nicht

Worte sind nur Worte,
sie sind keine Taten,
und ändern auch nichts,
sind sie wahr oder doch nicht,
das weiß man oft nicht,
nur die Augen sagen Wahres,
sie sprechen aus der Seele,
Augen, sie lügen nicht.

Ruf des Herzens

Wir sehen uns nicht oft,
die Sehnsucht ist groß,
du fehlst mir schon,
wenn wir auseinandergehen,
dann stelle ich mir vor,
wie es wohl ist,
wenn wir uns wiedersehen,
denn ich weiß schon lange,
es gibt keine wie dich,
das ist der Ruf des Herzens.

Eines Tages vielleicht

Eines Tages,
treffe ich jemanden,
der mich will,
und nur mich,
so wie ich bin,
mit allen Fehlern,
mit allen Stärken,
der meine Macken küsst,
und mich liebt,
ohne Bedenken,
keine Hintergrundgedanken,
nur nackt und real,
eines Tages, vielleicht.

Perfekt für mich

Ein Kuss von dir,
ist ohne Gleichen,
dass wusste ich gleich,
am ersten Abend,
du bist perfekt,
perfekt für mich,
wie aus Stein gemeißelt.

Veränderlich

Ich bin glücklich, da ich veränderlich bin,
so überstehe ich all die schlechten Zeiten,
all die üblen Gedanken und Einflüsse,
muss mich an nichts anpassen,
nur so sein, wie ich es möchte.

Schlafen kann ich im Himmel

Schlafen kann ich,
wenn ich im Himmel wohne,
bis dahin steht die Zeit still,
mit dir zusammen zu sein,
ist ein unendliches Gefühl,
von Geilheit und Poesie,
du bist die, die ich fand,
so ganz nebenbei,
du bist, die ich immer wollte,
verlass mich niemals wieder,
mein Herz, ich küsse dich.

Aufrechter durchs Leben

Habe aus der Vergangenheit gelernt,
dabei sehr viel nachgedacht,
und auch sehr viel über mich gelernt,
habe dadurch zu mir gefunden,
mich weiter entwickelt,
weshalb ich jetzt aufrechter durchs Leben gehe.

Nur dich

Ich hatte die Wahl,
mein Leben wie zuvor,
mit allen Vorteilen,
das kleine süße Leben,
oder dich.

Ich habe alles richtig gemacht,
die Dinge aufgegeben,
und dich genommen,
ich würde es wieder machen,
nur dich.

Ich suche die Liebe

Ich suche die Liebe,
doch wo wohnt sie?

Sie wohnt in dir.

Wohnst du bei mir,
so ist sie auch hier.

Bloß Traurigkeit

Sitze hier im Sonnenschein,
ziehe mir die Landschaft rein,
träume mit offenen Augen,
es ist so schön daran zu glauben,
doch all meine Träume,
sind wieder nur Schäume,
verflogen im Wind der Zeit,
im Herz bloß Traurigkeit.

Dämmerung

In der Dämmerung der Zeit,
werde ich dir ein gutes Licht sein,
werde dich beschützen,
und Gefühle mit dir teilen,
gebe dich der Dämmerung hin,
sie wird dir ein großes Licht sein,
eines Tages,
wenn du an meiner Seite bleibst.

Das Blatt

Ich sehe ein Blatt auf der Autobahn herumwirbeln,
alleine weilt es da, dem Wind völlig ausgeliefert,
und der macht was er will mit ihm,
andere Blätter sind nicht in Sicht,
nur dieses eine kämpft gegen den Wind,
ohne eine Chance, immer weiter und weiter,
ein Blatt wie Millionen andere Blätter auch,
wie wir Menschen, wenn wir niemanden haben,
gehen dann alleine, vom Schicksal geschüttelt.

Freiheit

Wovon bist du gefangen,
außer vom Zwang deiner selbst?
Lass es hinter dir
und geh endlich neue Wege,
sei frei im Kopf und auch tatsächlich,
was hält dich ab, was macht dir Angst?
Feige kann jeder sein
und sich verstecken auch,
aber nach vorne sehen und kämpfen,
für die innere und äußere Freiheit,
das schaffen die wenigsten.

Ab jetzt für immer

Eine schöne Zeit mit dir,
stundenlang nur du,
unvergessene Momente,
deine schönen Augen,
solange darin gefesselt sein,
du, ständig bei mir,
so sollte es öfter sein,
ab jetzt für immer.

Neuanfang

Lass alles hinter dir, wirklich alles,
fang neu an, lass dich leiten,
von deinen Ideen und Eingebungen,
höre nur auf sie, auf nichts sonst,
es wird seinen Sinn haben,
wie alles seinen Sinn hat,
im großen Getriebe des Seins,
nur Mut und Zeit, mehr brauchst du nicht.

Meine Gedanken

Ich denke über meine Gedanken nach,
und stelle dabei fest,
sie sind nicht immer gut,
vielleicht ist das normal,
denn wer denkt schon immer gut,
manchmal verwirrt, manchmal ganz klar,
oft nur gut, ab und zu auch böse,
aber es sind meine Gedanken,
und sie sind immer abgrundtief,
egal, wie sie sind.

Die Liebe so göttlich

Die Augen gefunden,
die Herzen erkannt,
die Lust uns überrannt.

Die Gedanken so klar,
die Körper so heiß,
die Seele, die weiß.

Die Lippen so zart,
die Küsse unersättlich,
die Liebe so göttlich.

Für immer fühlen

Bei dir sein, hier und jetzt,
in den Arm nehmen, wortlos,
dir ganz nahe sein, Kraft schenkend,
in deine Augen sehen, liebend,
dir einfach nur zuhören, aufmerksam,
dich langsam streicheln, überall,
an deinen Lippen kleben, zärtlich,
dich einfach lieben, für immer.

Unendlichkeit

Den wirklichen Genuss des Lebens,
kennt erst derjenige,
der sich traut, es anzufassen,
es in die eigene Hand zu nehmen,
der, der niemandem folgt,
und nur auf sich und sein Sein gestellt ist,
habe den Mut loszuziehen,
loszulassen und losgelöst zu sein,
erst dann offenbart das Leben seine guten Seiten,
fühl dich frei, alles andere zählt nicht,
gib dich keinen Zwängen hin,
sie lähmen dich nur,
erwarte nichts für dein Handeln,
falsche Hoffnungen machen krank,
lebe, wie du meinst leben zu müssen,
und dir gehört die Unendlichkeit.

Wahrscheinlich verliebt

Neu ist seit Tagen,
du fehlst mir sehr,
ganz doll sogar,
kein Kuss von dir,
kann ich haben,
kein tiefer Blick,
in deine Augen,
den wunderschönen,
kein zartes Streicheln,
deiner weichen Haut,
die mich verzaubert,
kann dich nicht riechen,
so wie ich will,
hoffe dabei innig,
du denkst so wie ich,
ich will zu dir,
so schnell es geht,
ich hoffe sehr,
du kannst gut schlafen,
gute Nacht will ich sagen,
wie wohl noch so oft.

Nachtangst

In dunklen Nächten bin ich verloren,
nichts zu hören und niemand spricht,
kein süßer Traum will mich verführen,
das Licht der Erinnerung ist so fern,
um mich herum nur die dunkle Stille,
Hoffnung erst im Morgengrauen,
ich fürchte dich, du einsame Nacht,
wie oft hab ich mit dir durchgemacht,
am nächsten Morgen dann nur müde,
Sehnsucht ging und wir haben viel gelacht.

Wenn du da wärst

Wenn du da wärst,
würdest du dich wohlfühlen,
wenn du da wärst,
würdest du mich umarmen,
wenn du da wärst,
würdest du mit mir träumen,
wenn du da wärst,
würdest du mich halten,
wenn du da wärst,
würdest du mich küssen?

Die nicht immer bei mir ist

Immer wenn wir auseinandergehen,
hab ich ein Gefühl der Leere in mir,
du fehlst mir, sobald ich dich nicht sehe,
und ich vermisse dich immer so sehr,
du bist die, an die ich so oft denke,
die, die nicht bei mir ist.

Dein Bettzeug

Wenn du schläfst,
möchte ich dein Kissen sein,
auf dem du ruhst,
möchte deine Decke sein,
die dich wärmt,
möchte in deinen Träumen sein,
um mit dir zu tanzen.

Jetzt und hier

Der Blick zurück,
in den dunklen Tunnel der Zeit,
die hinter mir liegt,
dort im Tal der Tränen,
endlich, ganz verloren,
vor mir nur Sonnenschein,
und der Regenbogen des Augenblicks,
erfüllt mein Herz mit Glück,
friedliche Träume der Zuversicht,
dunkle Ahnung des Seins,
verschlungen in den Armen,
des süßen Jetzt.

Innere Schönheit

Dein süßes ehrliches Lächeln,
zeigt mir jedes Mal,
deine innere Schönheit,
deine helle reine Seele,
für die ich dich so sehr liebe,
und es wird immer noch mehr.

Keine Tränen mehr

Wenn der Mond ruft,
und ich ihm folge,
wird die Reise wild,
und auch unplanbar,
alles kann passieren,
am Ende dann Schuld,
die Einsicht fehlt,
alles ist im Argen,
dicke schwarze Wolken,
keine Tränen mehr.

Einfach nur geil mit dir sein

Du bist das Leuchten in meinen Augen,
meine sanfte Verwöhnerin in den Nächten,
bist erotisch für mich in allen Lebenslagen,
verführst mich mit deiner süßen Stimme,
und deinem geil erotischen Körper,
deine wundervollen blauen Augen,
jeder Kuss von dir weckt meine Gier nach mehr,
ich will dich fühlen, riechen, streicheln, lecken,
einfach nur immer geil mit dir sein,
ich geb dich nicht mehr her, ich bin verrückt nach dir.

Manchmal grausam

Eine leichte Berührung der Hände,
eine letzte innige Umarmung,
dann einsame Trauer um das Erlebte,
jeder geht seinen Weg wieder alleine,
der eine trauert mehr, als der andere,
Tränen in den Augen, Steine im Bauch,
wir Menschen sind manchmal grausam.

Wahrheit und Zeit

Wahrheit und Zeit,
sind die größten Monster der Ewigkeit,
an der Wahrheit zerbricht alles,
die Zeit löst alles auf.

Regen

Ganz und gar,
wird mir klar,
wie verwegen,
ist der Regen,
klopft an die Wände,
und spült die Hände,
erhält so das Leben,
von Herzen gegeben,
ist er von Sinnen,
wird er weiterrinnen.

Mein Feiertag

Ich kann hören,
was du sagst,
doch ich verstehe dich nicht,
vorbei die Zeit der Tränen,
ich gehe meinen Weg,
lass gut sein,
lass mich frei,
sieh ein,
es ist vorbei,
heute ist mein Feiertag.

Ich schaue dich an

Manchmal schaue ich dich einfach nur an,
ohne etwas anderes zu tun,
ignoriere alles um mich herum,
nur um dich genau zu sehen.

Zurück in leere Zeit

Das dunkle Nass,
uferlos und weit,
im Sonnenlicht,
so wunderschön,
die Leichen modern leise,
traurig wandert Leben,
zurück in leere Zeit.

<u>Wo ich wohnen kann</u>

In dem dunklen Fluss des Lebens,
ist das alles nicht normal,
Schatten springen ständig,
bis man endlich sterben darf,
doch man findet jetzt kein Ende,
obwohl man tot schon ist,
– nimm mich mit ins Leben,
damit ich Ruhe finden kann,
lass mich einfach liegen,
hier am Strand des Todes,
wo ich wohnen kann.

Ufer der Zeit

Am anderen Ufer der Zeit,
wartet das Glück vielleicht,
oder das Unglück,
kann viel dabei verlieren,
muss diese Brücke überqueren,
brauche nicht mal zu schwimmen,
um zu sehen,
was auf der anderen Seite ist,
was ist der Mensch ohne Hoffnung,
und was ohne Tatendrang?

Alles andere ist egal

Ich mach die Augen zu und träume,
endlos lange schöne Träume,
durch die lange Zeit meiner Ewigkeit,
denke wie es damals war und heute ist,
ob das Leben funktioniert hätte,
wenn wir uns damals gefunden hätten,
ich wär nicht der, der ich heute bin,
und du natürlich auch nicht,
alles wäre ganz anders gelaufen,
klar, die Zeit wäre auch schön gewesen,
doch hätte sie lange gehalten,
wir hätten beide nicht so viel erlebt,
wie wir es bis heute getan haben,
heute sind wir ausgeformt von unserem Sein,
vielleicht ist jetzt erst der richtige Moment,
für uns beide, unsere Liebe, unser Leben,
sozusagen eine Krönung für das Durchhalten,
bis zu unserer gemeinsamen Zeit,
die wir nicht mehr loslassen werden,
denn was sollen wir noch erleben,
wo doch so viel hinter uns liegt,
und wir das Glück jetzt greifbar vor uns haben,
und ich träume und träume,
und weiß, ich liebe dich, alles andere ist egal.

Der längste glückliche Moment

Du bist mein längster glücklicher Moment,
fühlst du, wie mein Herz das deine sucht,
du leuchtest für mich, ich brauche das Licht,
wir müssen nicht mehr warten, unsere Zeit ist jetzt,
kannst du spüren, wie unsere Liebe wächst,
das Schicksal bettet uns auf Wolken,
mein Herz hüpft, bei Gedanken an dich,
und ich liebe dich täglich immer noch mehr.

Mehr als alle anderen

Glaubst du nur, was du wirklich siehst,
oder auch erlebst hast,
ist da vielleicht nicht noch mehr,
als du dir vorstellen kannst?

Kann man Hoffnung oder Liebe sehen,
was ist mit Sehnsucht und Glück,
oder Zuversicht und dem Glauben?

Die Dinge, die da sind, aber nicht messbar,
sie sind trotzdem vorhanden,
und bestimmen unser Leben,
vielleicht mehr als alle anderen.

Gedanken im Wind

Gedanken verstreut im Wind,
wie glücklich und traurig sie sind,
dunkel ab und zu, manchmal hell,
doch meisten dabei viel zu schnell,
von Gelassenheit keine Spur,
das Leben folgt den Bahnen nur,
wie viel Zeit vergeht,
bis das Glück mir weht?

Gefühle durchlebt

Geflogen auf den Schwingen der Liebe,
gefangen in den Wirren der Liebe,
geschwommen in den Tränen der Liebe,
getrieben in der Lust der Liebe,
gematert in den Höllen der Liebe,
gebadet in der Macht der Liebe,
getaucht in den Tiefen der Liebe,
gefürchtet den Kampf der Liebe,
genossen den Sinn der Liebe.

Du bist in meinem Leben

Du in meinem Leben,
ist wie ein Liebesgedicht,
du in meinem Leben,
eine endlos schöne Zeit,
du in meinem Leben,
einfach unerreicht und geil,
du in meinem Leben,
verwöhnst mich Tag und Nacht,
du in meinem Leben,
bis in alle Ewigkeit.

Der Schutzengel

Gebrochene Flügel,
die Haut zerfetzt,
den Kampf gewonnen,
aber ohne Mut,
sitzt der Engel,
am Rand der Welt,
er ist kein Mensch,
und gibt nicht auf,
bekommt neue Kraft,
vom Himmelslicht,
und wacht wieder weiter,
über dich.

Ganz geheilt

Hinab in die Stille der leeren Zeit,
wandert langsam mein Blick,
traurig die Erinnerung daran,
doch es ist schon lange her,
und nun bin ich endlich geheilt,
nach vorne in das Glück dieser Zeit,
wandert aufrecht mein Blick,
schön ist die Vorfreude dabei,
es wird nicht mehr lange dauern,
dann bin ich endlich ganz geheilt.

Ein Glück

Ein Glück zu erfahren,
dass es dich gibt,
ein Glück zu fühlen,
dass man dich küssen kann,
ein Glück zu erleben,
dass ich bei dir sein kann,
ein Glück zu wissen,
dass du mich liebst,
ein Glück zu glauben,
dass es für immer ist.

Folge dem Herzen

Die Liebe sagt, wohin du gehst,
denn das Herz entscheidet Dinge,
die Bauch und Kopf nicht sehen,
und auch nicht erkennen können.

Also folge ich dem Herz, der Liebe,
egal wohin sie führt,
denn es wird der richtige Weg sein,
auch wenn es nicht immer danach aussieht.

Die beste Geschichte aller Zeiten

Ich lernte dich kennen,
als ich nicht nach dir suchte,
dich, die ich nicht erwartet hätte,
nach all der langen Zeit,
habe mich verliebt in dich,
als ich nicht nach Liebe suchte,
und einfach nur allein sein wollte,
das ist die beste Geschichte aller Zeiten.

Mein Weg zum Ziel

Wieder vergeht ein Tag,
den ich für die Menschen verbrachte,
für die Schwachen und Hilflosen,
für die Guten und Schlechten,
sehe in den Spiegel, und stelle fest,
ich hab nicht alles richtig gemacht,
aber ich habe alles so gemacht,
wie ich denke,
dass es am besten für die Beteiligten ist,
und das ist mein Weg zum Ziel.

Ein Leben lang

Kann Sehnsucht spüren,
Tag für Tag,
Gedanken nur bei dir,
Nacht für Nacht,
körperliche Schmerzen,
ohne dich bei mir,
will dir so viel sagen,
zu jeder Stunde,
will auch so viel wissen,
in jeder Minute,
du und ich,
Tag für Tag,
Nacht für Nacht,
du und ich,
ein Leben lang.

Du bist ein gutes Gefühl

Du zauberst mir ein Lächeln auf meine Lippen,
immer, wenn ich an dich denken muss,
und das ist fast die ganze Zeit,
in der ich dich nicht sehen kann,
die Gedanken an dich wärmen mich,
du bist einfach ein gutes Gefühl.

Fallen oder Fliegen

Fall ich,
oder fliege ich,
ich weiß es nicht,
am Ende wird es kalt werden,
bis dahin ist es schön.

Gemeinsam träumen wir

Komm zu mir,
und schließe deine Augen,
sei mir nah, fühl dich einfach wohl,
lass uns zusammen phantasieren,
von dem Rest unseres Lebens,
bleib bei mir,
und schließe deine Augen,
gemeinsam träumen wir.

Hab schon wieder geträumt von dir

Als mein Herz Feuer fing,
blieb die Welt einfach stehen,
Sehnsucht hat einen Namen,
will dich spüren und verführen,
und küssen, küssen, küssen,
doch wo bist du heute Nacht,
hab schon wieder geträumt von dir.

Die Sehnsucht

Die Sehnsucht ist das Wissen,
um das, was man nicht hat,
die Sehnsucht ist das Verlangen,
nach dem, was man haben will,
die Sehnsucht ist der Fluch,
wenn du nicht bei mir bist,
die Sehnsucht ist der Schmerz,
der tief im Herzen brennt.

Eine Liebeserklärung

Wenn ich mir überlege, wie sehr du in allen Bereichen mein Leben bereicherst,
muss ich lächeln, denn ich bin so endlos glücklich, dass es dich in meinem
Leben gibt und dass wir uns gefunden und aufeinander eingelassen haben.
Wenn mir Anfang des Jahres jemand gesagt hätte, dass ich ein wunderbares
Jahr vor mir hätte, in dem ich geistig und körperlich voll befriedigt wäre,
glücklich wäre und ich so viele wunderschöne Stunden und Tage haben würde,
hätte ich es nicht geglaubt.
Du verschönerst mein Leben in allen Lagen, inspirierst mich zu jeder Zeit.
Es ist so schön, dass es dich gibt und wir zusammen sind. Ich liebe dich.

Die letzte Frau

Die letzte Frau in meinem Leben,
die ich liebe, sollst du sein,
und ich hoffe,
ich bin der letzte Mann in deinem Leben,
den du lieben wirst.

Ein wunderbarer Tag

Ich sehe das Gestern,
endlose Gespräche,
ein langer Spaziergang,
zerwühlte Laken,
ein wunderbarer Tag.

Aber auch eiskalt

Wenn das alles wahr ist,
was du mir erzählst,
und du dich nicht verstellst,
bei dem, was ich wahrnehme,
bist du ein wunderbarer Mensch,
aber auch eiskalt,
ist das Selbstschutz?

Gefangener deiner Zeit

Ich weiß, es ist schwer loszulassen,
aber manchmal muss man sich entscheiden,
Chancen im Leben sind selten,
die Guten und die Schlechten,
doch wenn man nichts zurücklassen kann,
bleibt man sein eigener Gefangener,
man tritt ewig auf der Stelle,
und vergeudet wertvolle Lebenszeit.

Deine Augen reden

Deine Augen sagen mir eine Menge Dinge,
die Mund und Lippen nicht ausdrücken wollen,
sie sagen so viel, reden einfach ohne Unterlass,
sie betrachten mich, fixieren und durchleuchten mich,
sprechen immer lauter und lauter,
funkeln zu deinem frechen grinsenden Mund,
so tief und immer noch tiefer der wundervolle Blick,
er brennt sich ein bei mir in meinem Blick,
und ich höre beim Betrachten deiner Augen zu,
lerne so viel dabei und muss doch still sein,
um den Augenblick des Sprechens nicht zu unterbrechen,
den Moment nicht zu zerstören und um weiter zu lauschen,
in deinem reizend schönen Blick deiner makellosen blauen Augen.

Freue mich danach

Leben kann ich,
denn ich genieße,
und atme auch,
jedenfalls noch immer,
weiß nicht warum,
wird einen Grund haben,
so wie wohl alles,
auch wenn es sinnlos scheint,
aber ich bleibe noch,
wer weiß wie lange,
egal ob schön oder hart,
leben kann ich,
und sterben auch,
freue mich dann danach.

Der Weg ist das Ziel

Der Weg ist das Ziel,
dieser Satz schon immer gefiel,
fahre dann einfach los,
meine Freude, die ist groß,
sehe dies, sehe das und mehr,
und plötzlich stehe ich am Meer,
dann geht es immer weiter,
auf Reisen bin ich heiter,
irgendwann, irgendwo im Nirgendwo,
ist das Ziel, dass mir so gefiel,
gefunden durch einen Zufall nur,
das ist meine Lebensfreude pur.

Du begeisterst mich

Du bist wie das Wasser,
das mich kleidet,
du bist wie die Erde,
die mich nährt,
du bist wie die Sonne,
die mich wärmt,
du bist das Gedicht,
das mich entzückt,
du bist die Liebe,
die mich beschwingt,
du bist das Glück,
das ich benötige,
du bist der Sex,
der mich befriedigt,
du bist der Mensch,
der mich begeistert.

Endlos

Unsere Lippen finden sich,
endlos sanft und schön,
unsere Zungen spielen Spiele,
endlos lang und ohne Grenzen,
unsere Hände fühlen Haut,
endlos zärtlich und wild,
unsere Körper fangen Feuer,
endlos heiß und geil.

Halt den Augenblick

Halt doch den Augenblick fest,
denn er ist so schön, so rein,
es kann nichts besseres sein,
ich genieße den Moment so sehr,
doch es ist viel zu schwer,
ihn einfach festzuhalten,
denn die Zeit verrinnt,
und der Augenblick alsbald,
nur noch eine Erinnerung ist.

<u>Hör gut zu</u>

Um gar keinen Preis,
solltest du etwas zerstören,
was du bewahren willst.

Verletze nicht zu sehr,
es könnte sonst sein,
dass es nicht mehr heilt.

Reiß dich zusammen,
wenn du zornig bist,
sonst bist du bald alleine.

Es könnte dann auch sein,
dass du irgendwann nur noch
auf dich zornig sein kannst.

Ich scheiß auf die Zeit

Ich scheiß auf die Zeit,
sie ist nicht wichtig,
und mir völlig egal,
kann sie nicht stoppen,
und auch nicht beschleunigen,
also warum soll sie wichtig sein,
lebe so, wie es mir passt,
zeitlos und geradeaus,
Zeit haben, Zeit geben,
alles Blödsinn,
Zeit ist immer da,
egal was man tut,
und sie läuft immer weiter,
egal was passiert.

Stark berührt

Irgendwann werde ich dein Traum sein,
entweder ein schöner,
oder ein Albtraum,
aber du wirst von mir träumen,
denn ich hab dich stark berührt.

Langsam vorwärts

Das Flüstern des Waldes,
macht mir Mut,
die Dunkelheit,
ist auf meiner Seite,
finster und gefährlich,
liegt der Weg vor mir,
kein Blick zurück,
nur langsam vorwärts.

Im Hafen

Am frühen Morgen,
hab ich Sorgen,
will nur schlafen,
in meinem Hafen,
in meinem Bett,
dort ist es nett,
doch ich muss los,
Müdigkeit so groß,
der Tag ist lang,
mir wird bang,
Gedanken wie Brei,
Taten sind einerlei,
ich packe es schon,
das Ende der Lohn,
geschafft den Tag,
der vor mir lag,
war eigentlich leicht,
noch mal vielleicht,
ab in den Hafen,
kann endlich schlafen.

Wenn Schweigen spricht

Wenn Schweigen spricht,
und Stille alles weiß,
wenn Warten antwortet,
auf stumme Fragen,
dann kommt die Erkenntnis,
und stellt alles auf den Kopf.

Keine Lügen

Kannst mich sehen,
nimmst du mich wahr,
bin ich in Gedanken bei dir,
oder nur der Schatten neben dir,
sag die Wahrheit oder fall tot um,
liebe mich und sei bei mir,
und erzähl mir keine Lügen.

Was ich lernen muss

Was ich lernen muss,
ist das Geliebte nicht zu erdrücken,
auch wenn es mir sehr schwer fällt.

Ich muss es lose und sanft halten,
so, dass es um mich schwebt,
und wie von selbst bei mir bleibt.

Die Sterne sagen gute Nacht

Die Sterne sagen gute Nacht,
du bist vom Mond bewacht,
und von Liebe zugedeckt,
so wird die Nacht perfekt,
Liebste schlaf schnell ein,
im Traum werde ich bei dir sein,
küsse dich in der Nacht,
glaube an der Liebe Macht.

Neue Wege

Ich liege dort im Gras,
die Quelle der Tränen,
noch nicht vergessen,
dunkle Gedanken,
in einsamen Stunden,
nur nicht aufgeben,
keinen Schimmer,
am hellen Himmel,
die Sonne lacht,
Äste der Bäume,
zeigen auf mich,
der Schrei im Stillen,
treibt mich an,
zu neuen Wegen,
geh ich hin.

Bleibe bei mir

Wenn die Stunden dunkel sind,
mach kein Licht an.
Wenn die Hölle heiß ist,
kühle sie nicht ab.
Wenn der Tag zuende geht,
spul ihn nicht zurück.
Wenn es ganz still wird,
sage einfach nichts.
Wenn der Sturm alles wegfegt,
bleibe bei mir.

Keller der Angst

Klagelieder aus den Kellern der Angst,
tönen laut vor sich hin,
ungehört verklungen, zu falsch gedacht.

Gefühle der Liebe am Boden totgeschlagen,
zappeln bis zum letzten Atemzug,
schnell verdrängt, zu cool dafür.

Depressionen am Ende des Universums,
qualvolle Stunden durchgehalten,
zerbrochen, geteert und gefedert.

Du hast etwas mit mir gemacht

Du bist etwas ganz Besonderes,
deswegen bin ich verliebt in dich,
ich kann nicht in Worte fassen,
was ich für dich empfinde,
doch wenn du von mir gehst,
bin ich stets traurig,
denn du hast etwas mit mir gemacht,
was nie eine andere geschafft hat.

Endlos beisammen

Wenn unsere Zungen uns streicheln,
wir uns mit den Händen fühlen,
und unsere Körper uns reiben,
wir uns auch im Geiste lieben,
weiß ich, wir sind uns so nah,
dass sich die Seelen verschmelzen,
und wir endlos beisammen sein werden.

Klare wirre Gedanken

Der Kopf ist voll,
mit wirren Dingen,
schmerzhaft klar gelassen,
mal Ruhe, mal Sturm,
kein Sinn darin,
Stille nicht seit Wochen,
schlimmer Tag für Tag,
das Glück so fern,
der Kopf ganz krank,
muss noch warten,
weiß nicht worauf,
vielleicht ein Ende,
ganz klare wirre Gedanken.

Rückwärts durchs Leben

Ich gehe rückwärts durch Leben,
und schau mir alles noch mal an,
das Gute und auch das Schlechte,
werde kleiner dabei,
und sehe Fehler oft ein,
erkenne die Motive anderer,
gehe immer weiter,
bis ich in der Wiege liege,
und dann einfach umkehre,
doch mache ich wirklich vieles anders?

Nach dem Knall

Gleißend helle Sekunde,
gestanden in der Falle,
keine Chance zur Flucht,
vorbei ist doch nicht vorbei,
ein letztes Mal gelacht,
die Augen zum Himmel gedreht,
zum Schluss nur dunkel,
ruhiges helles Licht.

Guten Morgen

Kaum bin ich erwacht,
schon hab ich an dich gedacht,
hast du gut und tief geruht,
der Tag bringt frischen Mut,
in meinen Träumen warst nur du,
und Englein schauten uns zu,
du Schönste aller Schönen,
ich will dich verwöhnen,
ich hoffe du hast keine Sorgen,
ich wünsch dir einen guten Morgen.

Kleinigkeiten

Eine Karte,
mit netten Worten drauf,
oder eine Umarmung,
kurz, aber dafür fest,
ein Präsent,
klein, aber von Herzen,
eine kleine Geste eben,
nur mal so zwischendurch,
soll Wertschätzung,
und Dank ausdrücken,
sie geben oft mehr,
als die großen Dinge,
zu festen Tagen,
und erhalten Freundschaft,
oder Liebe lange Zeit.

Fühlt sich richtig an

Meine Gedanken sagen mir ständig,
wie sehr ich dich liebe,
sie sind ständig bei dir,
machen keine Pause,
mit dir fühlt es sich richtig an.

Schnee

Jetzt bist du wieder hier,
dämpfst die Geräusche ab,
bedeckst die Landschaft,
mit deinem weißen Kleid,
bist romantisch und selten,
du bist so wunderbar,
verhüllst ohne Ausnahme,
man könnte denken,
die Natur zieht einen Mantel an.

Das Kuss- Gedicht

Ein Kuss von dir,
ist nicht nur ein Kuss,
sondern ein Gedicht,
dass man immer wieder liest,
ein schönes Gedicht,
dass man nie mehr vergisst.

Meine Beerdigungsrede

Begrabt mich in den Herzen derer,
die an mich glauben,
verurteilt nicht diejenigen,
die nicht um mich weinen,
und weint auch ihr nicht,
denn ich komme wieder,
nur sehe ich dann anders aus,
erkennen werden wir uns nicht,
aber die, die mich lieben,
werden wissen, dass es so ist.

So frei

Jung, ungebunden, frei,
keine Sehnsüchte,
voller Ideen und Tatendrang,
für alles offen,
was kann es schöneres geben?

Habe die Gabe anders zu denken,
das macht frei,
das ganze Leben noch vor mir,
keine Depressionen,
lasse mich nicht aufhalten,
blicke nicht zurück,
worauf auch?

Habe keine Angst vor der Zukunft,
sehe immer nur nach vorne,
alles wird gut werden,
egal was kommt,
denn ich weiß,
alles ist Schicksal,
egal was passiert.

Du bist das Besondere

Das Leben hat mir vieles geschenkt,
doch du bist das Besondere daran,
nach all der vielen langen Zeit,
hat das Warten endlich ein Ende,
ich will dich, weil es Liebe ist,
du an meiner Seite, ein Geschenk,
das größte denkbare Glück,
weil es dich in meinem Leben gibt,
kann ich alles andere ertragen.

Tränen der Sonne

Als die Welt nur Schatten war,
am Horizont nur Asche regnete,
als die Sonne vor Trauer erlosch,
ihre Tränen versiegten im Meer,
als die Seelen im Dunst der Zeit erfroren,
da gab es keine Rettung mehr.

Ich kann nicht aufhören an dich zu denken

Ich kann nicht aufhören an dich zu denken,
an deine Haut, dein Haar, deine Küsse,
du bist so schön, so zärtlich, so sexy,
die Augen, mit dem wunderschönen Blick,
du fehlst mir jeden Augenblick,
und ich kann nicht aufhören an dich zu denken.

Zeit vergeht

Still gefangen,
in der lauten Welt,
taghell ist die Nacht,
in meinen Träumen,
wie schnell die Zeit vergeht,
obwohl sich der Zeiger,
nur ganz langsam dreht.

Ganz still verliebt

Selbstlos glücklich,
unbeschwert leise,
ganz still verliebt,
nur für mich,
du weißt es nicht,
du weißt es doch,
ich liebe dich.

Treppe nach unten

Ich gehe los,
obwohl ich weiß,
es ist der falsche Weg,
doch ich muss ihn gehen,
denn ich kann nicht anders,
und so gehe ich Stufe für Stufe,
die Treppe nach ganz unten,
ohne mich dabei umzusehen,
erkenne dann fast am Ende,
dass da unten das Grauen wartet,
aber ich gehe trotzdem weiter,
die Treppe bis nach unten.

Den Rest in meinem Leben

Ein Tag ohne dich ist ein verlorener Tag,
ein dunkler und sehr trauriger Tag,
ich weiß, es geht nicht anders,
und doch brennt alles in mir,
wenn ich nicht bei dir bin,
vielleicht ist es zu viel, was ich will,
aber eigentlich will ich nicht viel,
ich will nur dich, jeden Tag,
den Rest in meinem Leben.

Mein Weg

Wohin führt der Weg im Leben?

Stufe um Stufe erklomm ich bis hierher,
lernte laufen, sprechen, lesen und schreiben,
lernte so vieles Nützliches und auch Unnützliches,
aber ich lernte nie, beides voneinander zu unterscheiden,
und doch hat es immer Spaß gemacht,
alles hatte seinen Sinn und seinen Unsinn.

Nun frage ich mich sehr sehr oft,
wo wird das alles hinführen,
der Weg, ist er richtig, ist er falsch?

Egal wie, es ist doch mein Weg.

Endlos leidenschaftlich

Meine Lippen auf deinen,
Zungen streicheln sich,
mein Herz klopft schneller,
spüre deine Brüste,
ich fühle dich,
du erregst mich stark,
deine Augen wollen mehr,
wir fallen übereinander her,
von wild bis zärtlich,
aber so endlos leidenschaftlich.

Manchmal ist es so

Manchmal ist es so,
dass Worte nicht ankommen,
auch wenn sie deutlich waren,
manchmal ist es so,
dass Worte nicht gesagt werden,
auch wenn sie gesagt werden müssten,
machmal hat das ganze Reden keinen Sinn,
nur Taten werden verstanden,
auch wenn diese dann weh tun.

Ich möchte, dass...

Ich möchte,
dass du mich ansiehst,
du mich streichelst,
und mir zuhörst,
mich bewunderst,
bei dem was ich mache,
und dabei zu mir hälst,
mich ganz verstehst,
und mich berührst,
in meinen Gedanken,
damit wir zusammen lachen,
und auch zusammen weinen können,
nur so können wir uns sicher fühlen,
und den Rest zusammen gehen.

Die letzte Liebe?

Hab dich nicht gesucht,
hab dich nur gefunden,
vorher durch die Welt geflogen,
hatte nur Spaß im Sinn,
und es war großartig,
jetzt ist es Liebe,
eine wunderschöne,
eine Liebe die ich nie hatte,
viel besser als alles andere,
vielleicht die letzte Liebe,
in meinem Leben?

Leider weitergehen

Ich stehe in der Dunkelheit,
doch ich kann die Schatten sehen,
schleppend sich bewegend,
langsam stirbt sie in meinem Herzen,
es ist leider nicht unsere Zeit,
ich muss jetzt weiter gehen,
sonst wird Dunkelheit zur Ewigkeit.

Ich warte immer auf dich

Die Wahrheit ist,
ich will dich immer bei mir,
darum frage nicht,
ob ich da bin,
oder ob du vorbeikommen kannst,
mach es einfach,
ich warte immer auf dich.

Jetzt ist alles ganz

Wenn ich heute überlege,
fällt mir ganz stark auf,
dass immer etwas fehlte,
doch jetzt ist es heile,
du bist, was mir fehlte,
jetzt ist alles ganz.

Bruder und Schwester

Liebe und Wein,
sind Bruder und Schwester,
beide berauschen,
jeder auf seine eigene Art,
beide brauchen Wahrheit zum Genuss,
und aus beiden fließt Wahrheit heraus,
Wahrheit ist wichtig,
und ist ihr beider Kind,
leider nicht immer ganz gesund,
wie Fehler so sind.

Rom

Die Stadt so alt, so laut, so dreckig,
ein kurzer Besuch bei Sonnenschein,
beeindruckend, denkwürdig, überwältigend,
Amor trägt uns durch die Gassen,
zwei Verliebte schwimmen durch die Massen,
alter Glanz und Prunk an jeder Ecke,
überall große Zeit zum Anfassen nah,
der Brunnen, der Wunsch, die Ewigkeit,
und unser ganz besonderer Stein,
mein Herz feiert die vertraute Zweisamkeit,
so viele verliebte Kilometer durch die Zeit,
wir lieben uns und strahlen Einigkeit,
der nächste Besuch ist bereits geplant,
wir kommen wieder, wissen nur nicht wann.

Mit uns

Wenn du mich küsst,
wenn du mich streichelst,
wenn du mich anblickst,
wenn du dich anlehnst,
wenn du dich fallen lässt,
wenn du dich freust,
weiß ich, dass es gut ist mit uns,
weiß ich, dass es richtig ist mit uns,
weiß ich, dass es ewig ist mit uns.

Du bist einfach gut für mich

Plötzlich bist du vom Himmel gefallen,
warst wieder in meinem Leben,
seitdem bin ich glücklich,
ich fand was ich immer wollte,
ohne danach suchen zu müssen,
du bist einfach gut für mich.

Ich auch?

Unterm Regenbogen steh ich,
und weiß keine Antwort,
auf die vielen Fragen,
die mich betreffen,
wo ist der Sinn darin,
soll ich noch warten,
oder endlich loslegen,
und was ist,
wenn es falsch ist,
ist es der letzte Fehler,
oder nur einer von vielen,
und wie viel Zeit bleibt noch,
und wofür ist sie gedacht,
der Regenbogen vergeht,
und ich auch?

Lust auf dich

Du bist flammend sexy weiblich,
einfach unbeschreiblich,
ich will jetzt sofort,
aus deinen Lenden schlürfen,
und auf deinem Körper surfen,
dich in den Wahnsinn treiben,
deine Nippel reiben,
dich einfach nur berühren,
und dabei verführen,
im Bett dich drehen,
ich will dich kommen sehen.

Lebensmüde

Am Ende nur Erinnerung,
erst ein kleines Lichtlein nur,
dann ein heller Schein,
die Gegenwart im Dunklem,
so wie damals schon,
war es heute wieder,
immer wieder der gleiche Traum,
immer wieder der graue Schaum,
im Kreise stehend,
und nie durchbrochen,
anders war es mal gedacht,
doch nie wurd es geschafft,
das Leben ist trübe,
ich werde langsam müde.

Ich bin angekommen

Endlich bin ich dort,
wo ich immer hin wollte,
ich bin angekommen,
der Weg war lang,
und auch sehr schwer,
aber ich habe es geschafft,
ich bin sehr stolz auf mich,
dass ich durchgehalten habe,
und mich nicht verbogen habe,
jetzt muss ich einfach bleiben,
und das wird auch sehr schwer,
doch ich werde es schaffen,
denn ich glaube an mich.

Der Moment

Ich weiß noch den Moment,
an dem mir auffiel,
dass ich dich mehr mochte,
als ich geplant hatte,
an dem ich mir mehr erhoffte,
als ich mir vorgestellt hatte,
wie die Liebe geradezu über mich kam,
und ich dich einfach nur wollte,
so wie du bist, ohne Zweifel,
ohne wissen zu wollen,
wie deine Vergangenheit war,
oder wie deine Zukunft sein würde.

Dann bin ich bei dir

Wenn Augen anziehen,
und Blicke ausziehen,
wenn Hände berühren,
und Finger verführen,
wenn Lippen knabbern,
und Zungen plappern,
wenn Leidenschaft zündelt,
und Wolllust sich bündelt,
wenn Köpfe benommen,
und Körper dann kommen,
dann bin ich bei dir.

Ich habe es versucht

In Ketten gelegen,
auf all meinen Wegen,
doch ich war gescheit,
habe mich selbst befreit,
bin einer von Millionen,
dabei nicht mehr verlogen,
das Gute jetzt zum Ziel,
will dabei ganz schön viel,
ob es mir auch gelingt,
glaube ich nur bedingt,
aber ich habe es versucht.

Inneres Streicheln

Für die Welt ist es bedeutungslos,
für mich ist es alles,
so wie du mein Inneres streichelst,
kann ich immer nur sagen,
ich liebe dich, ich liebe dich,
ich liebe dich über alles.

In der Kuhle des Lebens

In der Kuhle des Lebens,
suhle ich mich,
auf der Suche nach Liebe,
Glück und Geborgenheit.

Konnte es bis jetzt nicht finden,
dabei wünsche ich es so sehr,
muss wohl weiter suchen,
aber werd ich's finden?

In ferner Zukunft

In ferner Zukunft,
wenn sich der Schatten auf das Leben legt,
werde ich wissen,
was richtig war und was falsch,
in meinem Leben.

Doch schon heute weiß ich,
dass es immer richtig war,
niemals aufzugeben,
und immer nach vorne zu blicken,
egal wie schlimm es auch ist.

All die Fehler,
die ich gemacht habe,
machen mich aus,
sie sind ein Teil von mir,
wie die guten Dinge, die ich tat, auch.

Deswegen weiß ich schon heute,
dass alles, egal was,
einen Sinn hatte,
das Gute und das Schlechte,
denn sie gehören einfach zusammen.

Das schmerzt mich

Ich will dich sehen,
will dich riechen,
mit dir reden,
dich streicheln,
und verführen,
will dir zuhören,
dich nur im Arm halten,
doch es geht nicht,
du bist nicht hier,
das schmerzt mich.

Gedankliche Erinnerung

Wie oft habe ich mich erinnert,
an dich und die ganze alte Zeit,
aber am meisten nur an dich,
denn du warst immer in meinem Kopf,
in meinen Gedanken, all die lange Zeit,
irgendwie habe ich dich immer gebraucht.

Wie viele Lieben habe ich gelebt,
bis ich dich dann für mich hatte,
ich weiß es nicht, es ist auch egal jetzt,
wie oft hast du dich an mich erinnert,
hatten wir die gleichen Gefühle,
so wie wir sie heute zusammen haben?

Es sollte nicht früher sein mit uns,
jetzt fange ich wieder neu an,
obwohl ich das gar nicht mehr wollte,
denn zu viel ist kaputt gegangen in mir,
doch du baust mich wieder auf,
zeigst mir, wie schön Liebe sein kann.

Was habe ich alles verloren in der Zeit,
und was alles gewonnen,
ich weiß es nicht, ist alles so weit weg,
ich habe dich, endlich nur dich,
du kamst so schnell und so schön,
in mein Leben, wie wunderbar das jetzt ist.

Im Bett

Wenn blind sich Lippen finden,
Körper sich vor Lust nur winden,
Liebende gehen dann ganz leise,
auf eine endlos lange geile Reise,
Liebe auf die Haut geschrieben,
und stets aufs Neue verlieben,
mit Küssen schreibe ich dir ein Gedicht,
in dein wunderschönes Gesicht.

Die Liebe weiß

Die Liebe weiß,
was es alles gibt,
denkt sich nichts dabei,
nimmt es einfach hin,
und ist glücklich dabei,
ohne sich umzuschauen,
rinnt sie immer weiter,
und sagt ganz leise,
so ist das eben.

Denk es jede Minute

Flüsternd sage ich dir,
ich liebe dich,
eigentlich wollte ich es schreien,
doch ich will still sein,
und ich denk es jede Minute.

Jemand

Ich spaziere allein im dunklen Wald,
auf der Suche nach jemanden,
der für mich da ist und zu mir hält,
mich tröstet, wenn ich traurig bin,
und danach auch wieder aufbaut,
ich habe Sehnsucht nach jemanden,
der mit mir den Alltag verbringt,
egal was kommt, egal was wird,
jemand der mit mir lacht und weint,
ohne immer zu fragen warum,
einfach und bedingungslos,
doch so jemanden zu finden,
ist wohl das schwerste auf der Welt,
hätte ich ihn sonst längst schon gefunden,
bis jetzt gab es nur kurzes Glück,
und ich suche doch jemanden,
für den Rest meines Lebens.

Dieser Traum

Löse mich von der Armee,
und stehe einer anderen gegenüber,
will fliehen und kann es nicht,
es gibt nur einen Weg,
zwischen beiden hindurch,
die Reihen werden enger,
marschieren auf mich zu,
kann ihre Körper riechen,
laufe um mein Leben,
dann – sie sind so nah –,
wache ich auf, schweißgebadet,
und ich weiß genau,
was dieser Traum bedeutet,
denn ich lebe ihn.

Einfache Gedanken

In deinen Armen liegen,
mich an deinen Körper schmiegen,
kommst immer tiefer in mein Herz,
linderst meinen Liebesschmerz,
mit der Zunge dich verführen,
Hände wollen Haut nur spüren,
und dann die Kontrolle verlieren,
zusammen mit dir explodieren.

Hinterher noch zärtliches Streicheln,
sind wir frei von allen Zweifeln,
bald wir wieder weichen müssen,
erstmal endlos langes schönes Küssen,
riesengroß ist dabei unser Glück,
werden eins, Stück für Stück,
dann gehst du, mir wird wird bange,
doch ich weiß, es ist nicht lange.

Immer nur du

Wenn lieben leiden heißt,
und Liebe Schmerz ist,
liebe ich Liebe,
liebe den Schmerz,
den süßen,
weiß ich was fehlt,
nur du, immer nur du,
jeden verdammten Tag.

Kannst du meine Seele spüren?

Du schenkst mir Zärtlichkeit,
deine Berührungen verzaubern mich,
kann du meine Liebe sehen?

Du schenkst mir Geborgenheit,
deine Umarmungen geben mir Kraft,
kannst du mein Herz sprechen hören?

Du schenkst mir ganz viel Zeit,
deine Nähe ist mir wichtig,
kannst du meine Seele spüren?

Danke für die schöne Zeit

Danke für die schöne Zeit,
in sehr vertrauter Einigkeit,
jetzt ist endlich unsere Zeit,
egal was da kommen mag,
unsere Liebe wird bestehen,
vielleicht in alle Ewigkeit,
du bist das Allerbeste,
was mir passieren konnte,
von all den vielen Dingen,
die überhaupt passieren konnten,
dankbar bin ich für die Liebe,
dankbar bin ich, dass es dich gibt,
du bist Glück und Liebe, einfach perfekt.

Gedanken beim Wachliegen

Manchmal liege ich wach wegen dir,
und denke viel über uns nach,
wie es früher gewesen wäre,
wie wunderschön es jetzt ist,
und vor allem wie schön es mal werden wird.

Es gibt so viele Möglichkeiten für uns,
trotzdem wir nicht mehr jung sind,
und beide so viel hinter uns haben,
ich vermisse dich, denke ich so oft,
und ich hoffe, du denkst das auch.

Dein Heiligtum

Ich betrete dein Heiligtum,
ganz sachte und zart,
will doch eigentlich nur,
dass es dir gut geht,
und du dich wohl fühlst,
will das jeden Tag,
immer und immer wieder,
nur für dich, nur mit dir, ich liebe dich.

Küss mich endlich

Deine Lippen,
verführen mich,
reizen mich,
verleiten mich,
erregen mich,
küss mich endlich,
sonst werde ich verrückt.

Liebe hat einen Sinn

So schön und rein,
du musst eine Engel sein,
Glanz deiner Augen,
will mir den Verstand rauben,
dein erotischer Körper ruft,
und dein verführerischer Duft,
immer wenn ich bei dir bin,
hat Liebe einen Sinn.

Zwei Augenpaare

Zwei Augenpaare,
braun und blau,
betrachten sich genau,
zwei Augenpaare,
in der dunklen Nacht,
von Liebe bewacht,
zwei Augenpaare,
für immer beieinader,
zusammen füreinander,
zwei Augenpaare,
liebten sich so sehr,
küssten sich immer mehr.

Vermisst melden

Ich vermisse dich nicht mehr,
als an anderen Tag auch,
doch heute schreibe ich es auf,
komm zu mir, egal wo du bist,
sonst meld ich dich vermisst.

Weil es Liebe ist

Ich geb dir mein Herz,
jeden Tag aufs Neue,
küssen uns endlos,
perfekt zu „Perfekt",
tanzen im Dunklen,
ich möchte schreien,
vor diesem großen Glück,
nichts ist schöner,
als mit dir zu sein,
bist du nicht da,
tut es mir weh,
ich möchte schreien,
vor Sehnsucht und Schmerz,
weil es Liebe ist.

Sehnsuchtsort

In meinem Herzen fühle ich,
du bist mein Sehnsuchtsort,
spürst du meine Gedanken,
die Küsse, die zu dir fliegen?

So tief ich liebe

So klar ich sehe,
so fest ich glaube,
so zart ich fühle,
so stark ich hoffe,
so tief ich liebe.

Und der Moment steht still

Süße Gedanken an dich,
an wunderschöne Stunden,
vertrauter endloser Zeit,
mit zärtlichen Küssen,
deine Haut, dein Geruch,
deine supertollen Augen,
Körper umschlingen sich,
du, nur immer wieder du,
und der Moment steht still.

Morgenrote Lippen

Ein zärtlicher Kuss,
auf morgenrote Lippen,
du warst die letzte Nacht bei mir,
nun geht der Alltag wieder los,
kurzes Kuscheln, langer Kuss,
heißer Kaffee, tiefer Blick,
schon bist du wieder fort.

Träume glasklar

Nachts unter Mond und Sternen,
sind Träume von dir glasklar,
wir beide für immer und ewig,
für den Rest unserer Zeit,
Hand in Hand im Lebenslauf,
gemeinsam werden wir alt,
doch für mich bleibst du immer jung,
du bist meine strahlende Sonne,
ohne Worte werd ich dich lieben,
endlos, bis in alle Ewigkeit.

Der schönste Platz der Welt

Am liebsten liege ich bei dir,
in deinen Armen,
fühle deine weiche Haut,
und spüre deinen leichten Atem,
ich merke wie dein Herz pocht,
deine Haare kitzeln mich,
empfinde tiefe Liebe dabei,
und weiß wieder ganz genau,
dies ist der schönste Platz der Welt.

Obwohl es Tage her ist

Ich kann dich immer noch riechen,
in meinem Bett,
obwohl es Tage her ist,
dass du bei mir warst,
ich kann dich immer noch fühlen,
wenn ich die Augen schließe,
obwohl es Tage her ist,
dass du bei mir warst,
ich weiß immer noch,
dass du etwas Besonderes bist,
obwohl es Tage her ist,
dass du bei mir warst,
denn du bist ein Geschenk des Schicksals.

Relative Zeit

Zeit ist für uns zu kurz,
wenn wir zusammen sind,
Zeit ist für uns zu lang,
wenn wir nicht zusammen sind,
Zeit ist zu langsam für uns,
wenn wir warten müssen,
Zeit ist für uns ewig,
wenn wir traurig sind.

Der erste Abend

Ein schüchternes Hallo,
nach über dreißig Jahren,
haufenweise Gespräche,
und ein Billardspiel,
der rote Wein floss,
ein perfekter Abend,
es folgte ein Tänzchen,
und Augen wollten mehr,
wir folgten den Augen,
was soll man auch machen,
heut lieben wir uns sehr.

Narben deiner Seele

Ich möchte die Narben deiner Seele kennen,
sie berühren, streicheln und liebkosen,
damit sie noch ein bisschen besser verheilen können.

Ich kann dich erleben

Du bist Liebe,
in meinem Herzen,
ich kann dich fühlen.

Du bist Leidenschaft,
in meinen Lenden,
ich kann dich spüren.

Du bist Zukunft,
in meinem Leben,
ich kann dich erleben.

Nah und doch fern

Selbst wenn ich die Sterne ansehe,
kann ich dein Gesicht darin sehen,
egal was ich auch anstelle,
ich sehe dich immer vor mir,
dein Gesicht, dein Mund, deine Augen,
du, nur du allein mein Herz erkennst,
bist so nah für mich,
und doch oft so weit entfernt.

Schwerelose Zweisamkeit

Körper an Körper liegend,
dabei schweigend reden,
die Zeit steht lange still,
endlos leise Zärtlichkeit,
du an meiner Seite,
schwerelose Zweisamkeit.

Deine Augen sind es

Deine Augen sind es,
die mich verzücken,
der Blick so schön, so ehrlich,
ganz tief im Seelentor,
sie küssen mich,
sie mustern mich,
und sie hören auch zu.

Du machst mich total verrückt

In deinen Augen leuchtet der Himmel,
Gänsehaut bei deinem Blick,
du hast mich verzaubert,
im Gefühl nur Glück,
deine Augen streicheln mich,
du machst mich total verrückt.

Perfekte Traumfrau

Mein Herz war oft auf Reisen,
doch jetzt ist es bei dir,
die Ewigkeit kommt,
es bleibt dort bei dir,
perfekte Traumfrau,
berührst mich so tief,
was hat das Schicksal mit uns vor?

Noch nie so tief gefühlt

Streichel zärtlich meine Haut,
mit deinen Händen, Haaren, Brüsten,
Küsse brennen heiß versaut,
nur wir mit unseren Gelüsten,
zwischen uns ist das Geknister,
es werden weiche Laken zerwühlt,
beim Liebesspiel ziehen wir alle Register,
ich hab noch nie so tief gefühlt.

Schlimm ohne dich

Je mehr ich mich nach dir sehne,
desto schlimmer wird es,
dieses traurige Gefühl,
ohne dich zu sein,
diese brennende Sehnsucht,
dich fühlen zu wollen,
du und ich, nur wir.

Das letzte Stück

Sonnig ist es in der Welt,
der Welt, die mir so gefällt,
mit dir mia Bella,
schlägt mein Herz wieder schneller,
heute ist ein schöner Tag zum Küssen,
und sonst nichts mehr tun müssen,
du bist mir wie immer so nah,
ich sehe Uns vor mir ganz klar,
wenn ich an dich denk,
weiß ich, du bist ein Geschenk,
du bist mein großes Glück,
gemeinsam gehen wir das letzte Stück.

Bis zum Ende der Welt

Morgen werde ich an heute denken,
damit ich gestern nicht vergesse,
denn das Leben ist so schwer,
der Alltag ist ein brutales Monster,
doch ich bin bei dir, egal was kommt,
so lass uns immer und immer weiter gehen,
wir beide, bis zum Ende der Welt.

Sehnsucht stillen?

Wenn du sagst, du vermisst mich,
frage ich mich immer wieder,
warum du nicht einfach vorbei kommst,
damit wir unsere Sehnsucht stillen können.

Nichts besiegt uns

Wenn du mich liebst,
und ich liebe dich,
wir also einander lieben,
was kann uns dann noch passieren,
was kann uns das Leben schwer machen,
was kann uns aus der Bahn werfen,
zumal wir so lange auf Uns gewartet haben?

Starkes Verlangen

Mein Herz hat ja gesagt zu dir,
eigentlich schon damals,
doch es kam so viel dazwischen
das nennt man wohl das Leben,
und seine Schwierigkeiten oder so,
ich lieb dich Tag und Nacht,
und das ist noch nicht genug,
meine Augen zittern bei deinem Blick,
so stark ist mein Verlangen nach dir.

Wann bist du wieder bei mir?

Siehst du die Nacht,
bist du aus dem Traum erwacht,
siehst du mich bei dir,
so wie ich dich bei mir,
siehst du den Moment,
wenn mein Herz brennt,
vor Sehnsucht zu dir,
wann bist du wieder bei mir?

Eine große Sache

Mein Bett duftet nach dir,
ich weiß, du bist nicht mehr hier,
bist schon wieder gegangen,
bin in meinen Gefühlen gefangen,
alles gut, sagen Kopf, Herz und Bauch,
ich weiß, du fühlst das auch,
wenn ich mir das so klarmache,
mit uns, das ist eine große Sache.

Der reale Traum

Im Traum kommt mein Herz zu dir,
sucht das deine und findet es,
zusammen sind wir eins,
wir verbinden uns mit Liebe,
die sich endlos anfühlt,
so real und aufrecht,
wir gehören zusammen,
eigentlich sehr lange schon,
dann wach ich auf,
und stelle fest,
es ist wirklich wahr,
das große Glück ist da,
wir müssen uns weiter festhalten,
und etwas daraus machen,
damit es für immer ist,
und nicht zerbricht,
wie so viele andere Träume davor.

Einfach ein Liebesgedicht

Du bist so sanft und leise,
ein Flüstern für die Seele,
einfach ein Liebesgedicht,
du bist so rein und weich,
ein Lebensquell für die Seele,
einfach ein Liebesgedicht,
du bist so schön und sexy,
ein Orgasmus für die Seele,
einfach ein Liebesgedicht.

Sie, die keiner glich

Diese eine schöne Nacht,
hat mich um den Verstand gebracht,
wollte dich nochmal haben,
und mich an dir laben,
wollte dir mein Herz schenken,
und unser Leben lenken,
dachte so oft an dich,
du, die keiner glich.

Einen schönen Tag geschenkt

Du hast mir einen schönen Tag geschenkt,
er war voller Harmonie und Freude,
viele schöne Momente, die bleiben,
sich in meinem Gedächtnis festsetzen,
und für immer unvergessen sind,
dafür danke ich dir sehr,
du bist einfach wunderbar.

Was niemals bricht

Was niemals bricht,
mein Herz verspricht,
denn ich denk an dich,
und ich liebe dich,
so wird es immer sein,
lass dich nicht allein,
bin immer für dich da,
dass ist mir jetzt klar.

Ein Fragezeichen

Traurig in der Nacht,
bin ich aufgewacht,
du warst nicht dort,
warst einfach fort,
bist weggegangen,
ich bin jetzt gefangen,
Gedanken an letzte Nacht,
was haben wir gemacht?

Ich freue mich jeden Tag

Ich freue mich jeden Tag,
dass es dich in meinem Leben gibt,
ich liebe es, Zeit mit dir zu verbringen,
egal, was wir machen oder wo wir sind,
denn es ist immer wunderschön,
du bist so tief in meinem Herzen,
und es wird immer noch viel mehr,
ich bin so endlos glücklich mit dir,
und liebe dich über alles.

Und dann kamst du

Und dann kamst du,
stelltest mein Leben auf den Kopf,
verändertest es zu Glück,
hast mir den Kopf verdreht,
hab ich so noch nicht erlebt,
mein Herz hofft jeden Tag,
dass du für immer bleibst.

Verzehre mich nach dir

Es kribbelt in meinem Bauch,
mein Herz, das schlägt ganz laut,
es ist um mich geschehen,
denn ich habe dich gesehen,
werde von dir sanft berührt,
fühl mich sofort verführt,
mein Körper wird zur heißen Glut,
dein Streicheln tut mir so gut,
wir fangen an uns zu verwöhnen,
am Ende hört man nur noch Stöhnen,
meine Lust auf dich ist riesengroß,
ich liebe deinen feuchten Schoß,
ich will dich immer und zu jeder Zeit,
am liebsten wäre ich dein Kleid,
geb dir hunderttausend Küsse und mehr,
kann nicht sagen wie ich mich nach dir verzehr.

Welche deiner Lippen?

Du bist schön, süß und so sexy,
wenn ich dich küsse rennt mein Puls,
mein Herz scheint abzuheben.

Das Spiel der Zungen und der Lippen,
wird schneller und intensiver,
bis die Küsse über den Körper fliegen.

Erregt und willenlos wird das Spiel,
und ich weiß bald nicht mehr,
welche deiner Lippen ich am liebsten küsse.

Sind lange wir

Egal wie weit der Weg,
Liebe ist unser Steg,
in ihr sind wir vereint,
wie die Sonne, die scheint,
es ist so schön mit dir,
du und ich sind lange wir.

Nette kleine Worte

Nette kleine Worte,
oder eine Zuckertorte,
für dich fang ich Sterne,
fühle deine Wärme,
du bist mein Glück,
will niemals zurück,
in deinen Augen Lieb`,
wie ich dir oft schrieb,
du und sonst keine
bist meine große Kleine.

Da möchte ich verweilen

In deine Augen möchte ich sehen,
deine Seele spiegelt vieles zurück,
deine Hände möchte ich greifen,
dein Griff weckt Leben in mir,
deine Stimme möchte ich hören,
deine Worte kann ich verstehen,
du bist natürlich und so anders,
da möchte ich lange verweilen.

Deine Hand

Du gibst mir deine Hand,
und ich halte sie fest,
ich ziehe und zerre nicht daran,
ich drücke und schiebe sie nicht,
ich halte sie nur fest,
um dich zu stützen,
wenn du mich brauchst,
ganz sanft, locker und frei.

Verführen zum...

Meine Blicke ziehen dich aus,
auch ich will aus den Klamotten raus,
meine Zunge spielt mit deiner,
so gut wie du küsst keiner,
ich will dich immer verführen,
deine Haut ganz sanft berühren,
und deine Lust dabei spüren,
dich bis zum Orgasmus führen.

Was ich bei dir empfinde

Wenn ich in deine Augen sehe,
fühle ich tiefstes Glück in mir,
wenn ich deinen Mund küsse,
fängt mein Herz an zu rasen,
wenn ich an deinen Brüsten knabbere,
spüre ich höchste Glückseligkeit,
wenn ich deine Rose lecke,
empfinde ich größte Geilheit,
wenn ich in deinem Himmelreich eindringe,
erlebe ich die mächtigste Leidenschaft.

Schwere Erkenntnis

Liebe hat uns gefunden,
und zusammen geführt,
ohne, dass wir es wollten,
denn Liebe ist nicht steuerbar.

Liebe kennt keine Vernunft,
aber sie kennt Sehnsucht,
und auch Schmerz,
wenn du nicht bei mir bist.

Liebe ist das, was ich annehme,
ob ich es will oder auch nicht,
doch ich erdrücke dich dabei,
die Erkenntnis ist schwer für mich.

Weil uns nichts mehr hält

Blicke ziehen magisch an,
sie verführen sich sodann,
Münder wollen sich küssen,
keine Zeit verlieren müssen,
die Körper voller Ungeduld,
streichelnde Hände haben Schuld,
wir küssen unsere Haut,
sind so endlos tief vertraut,
wir werden jetzt nicht nur kuscheln,
sondern richtig heftig gruscheln,
jetzt dreht sich die Welt,
weil uns nichts mehr hält.

Nicht mehr weitergehen

Der Weg durchs Leben,
führte zu vielen Orten,
an einigen verweilte ich,
andere verließ ich schnell,
es ist immer schwierig,
zu wissen wann und warum,
alles hat seine Zeit,
doch jetzt ist die Zeit,
wo der Weg zuende ist,
angekommen bin ich bei dir,
und ich werde nicht weitergehen.

Wenn ich...

Wenn ich dich küsse, fühle ich,
Lust, Genuss, Verlangen, Liebe,
wenn ich dich berühre, fühle ich,
Zärtlichkeit, Begehren, Liebe,
wenn ich bei dir bin, fühle ich,
Geborgenheit, Sicherheit, Glück und Liebe.

Ein Gefühl mich beschlich

Ich würde gerne bei dir sein,
nur ich, mit dir ganz allein,
denn ich weiß, insgeheim,
ein Gefühl mich beschlich,
oh mein Herz nun sprich,
sage laut, ich liebe dich.

Zeitlos lieben

Wenn du bei mir bist,
schließe ich die Augen,
und höre was du mir wortlos sagts,
Hände streicheln, und verkünden,
all die lieben Worte,
die nicht ausgesprochen sind,
auch reden wir mit geschlossenem Mund,
unsere Zungen erklären dabei ganz genau,
was wir fühlen, was uns fehlt,
ohne darüber sprechen zu müssen,
dieses tiefe stille Fühlen,
lässt und zeitlos lieben.

Wie geil kann man sein?

Zungen spielen miteinander,
Münder saugen an der Haut,
Lippen streicheln Körper,
die Zunge dann vergraben,
im Schoß der Leidenschaft,
heftiges Zittern und Zucken,
als Folge des Liebesdienstes,
wie geil kann man sein?

Warst bist wirst

Du warst immer in meinen Gedanken,
auch wenn du so weit weg warst,
du bist immer in meinen Gedanken,
auch wenn du nicht bei mir bist,
du wirst immer in in meinen Gedanken sein,
egal was mit uns passiert.

<u>Was beeindruckt?</u>

Wenn ich morgen sterbe,
trauere nicht zu lang,
doch sag mir wirklich,
an was wirst du dich erinnern,
was hat dich an mir am meisten beeindruckt?

Spuren in unseren Herzen

Meine Küsse erzählen deiner Haut,
Geschichten über Liebe und Zärtlichkeit,
meine Finger lesen die Geschichte,
die auf deiner Haut steht,
lernen so die Farben deiner Welt,
dadurch hinterlassen, wir beide,
tiefe Spuren in unserem Herzen.

Mensch vor Sehnsucht krank

Grau in grau,
der Himmel, das Meer,
Herz vor Sehnsucht krank,
trüb und traurig,
der Blick, das Gemüt,
Seele vor Sehnsucht krank,
einsam und allein,
der Körper, der Geist,
Mensch vor Sehnsucht krank.

Saugende Augen

Die Sterne in der Ferne,
leuchten hell und starr,
die Augen sie saugen,
Liebe, das ist wahr,
du und ich finden sich,
in Ewigkeit, das ist klar,
endlos und so groß,
zusammen sind wir ein Paar.

Wie wir uns heute lieben

Könnte ich die Zeit zurückdrehen,
würde ich es nicht tun,
denn ist alles gut so, wie es ist,
wir wären heute nicht die,
die wir geworden sind,
durch das Leben, die Narben,
und wir könnten uns nicht so lieben,
wie wir uns heute lieben.

Lass uns endlos lieben

Ist es Liebe,
oder nur ein gutes Gefühl,
ein geiler Augenblick,
der nicht enden will,
ein starker Reiz,
der mich hält,
Nähe und Geborgenheit,
in dieser traurigen Welt?

Ein Kuss von deinen Lippen,
ein Blick in deine Augen,
beantwortet die Frage schnell,
es ist die einzig wahre Liebe,
dich, nur dich liebe ich,
so schön war es noch nie,
so wird es nicht mehr sein,
lass uns endlos lieben.

Wie niemals zuvor

Ich brenne,
ich glühe,
ich lebe, wie lange nicht.

Ich singe,
ich tanze,
ich hoffe, wie selten davor.

Ich sehe,
ich lache,
ich liebe, wie niemals zuvor.

Sonne im Herzen

An der grauen nebeligen See
nur Wind und Einsamkeit,
werden die Gedanken düster,
ein dunkler Schleier zieht mich runter,
doch ein Gedanke an dich,
lässt die Sonne in meinem Herzen scheinen.

Wusstest du?

Wusstest du,
dass ich dich liebe,
wusstest du,
dass ich an dich denke,
wusstest du,
dass du mir fehlst,
wusstest du,
dass ich dich begehre,
wusstest du,
dass es für immer ist?

Was meinst du?

Hab mich betrunken an deinen Lippen,
bin in deine Augen gefallen,
es war schön dich zu sehen,
hätte es nicht mehr für möglich gehalten,
nach all den Jahren endlich du,
endlich vielleicht, was meinst du?

Wie wunderbar

Der Abend war perfekt,
hatten großen Respekt,
nach all den Jahren,
Geschichten, die wahren,
deine Lippen schmeckten,
als wir uns leckten,
es fing langsam an,
doch schneller dann,
wurden wir ein Paar,
endlich − wie wunderbar.

Schleich mich in deine Träume rein

All die Sterne der Nacht,
sind nur für dich gemacht,
damit du besser träumst,
und nichts davon versäumst,
wenn du nicht bei mir bist,
komme ich mit einer List,
schleich mich in deine Träume rein,
so kann ich öfter bei dir sein.

Wir machen das Beste daraus

Was haben wir uns bloß dabei gedacht,
dass es Liebe ist,
wo wir beide keine suchten,
jetzt müssen wir damit leben,
ich hoffe, wir machen das Beste daraus.

Sage Gute Nacht

Kannst du meine Nähe spüren,
ich will deine Träume führen,
mach die schönen Augen zu,
damit du kommst zur Ruh,
schick dir viele Küsse,
da ich dich sehr vermisse,
darum sage ich gute Nacht,
Sterne geben auf dich acht,
denk nochmal an mich,
denn ich liebe dich.

Mein Leben ist ein Traum

Mein Leben ist ein Traum,
erlebe die schönsten Augenblicke,
freue mich jeden Tag,
bin überglücklich,
und so schön verliebt,
habe meine beste Zeit,
nie war es besser,
das, alles wegen dir.

Danke für uns

Was du bist,
dafür liebe ich dich,
was ich bin,
durch dich,
dafür liebe ich dich,
und danke dir für uns.

Bis zum letzten Tag

Für mich bist du ganz viel gestern,
und noch sehr viel mehr heute,
aber am meisten bist du mein morgen,
denn unser Schicksal ist gebunden in Ewigkeit,
verschmolzen hier im Augenblick,
in Zeit gewoben bis zu letzten Tag.

Immer wieder du

Immer wieder verliebt in dich,
immer wieder Lust auf dich,
immer wieder Sehnsucht nach dir,
immer wieder traurig ohne dich,
immer wieder einsam ohne dich,
immer wieder nur du in meinen Gedanken.

So ist es nun

So ist es nun,
still und leise,
kein Weg hin,
kein Weg zurück,
stehe in der Mitte,
ohne Chance,
wie eingeklemmt,
sprachlos alleine,
keine Idee,
Möglichkeiten sind rar,
kann jetzt abwarten,
mehr ist nicht drin,
so schön es mal war,
langsam ist alles kaputt,
das Ende ist da.

Wo will ich dich?

Wo will ich dich,
wenn nicht hier,
wann will ich dich,
wenn nicht jetzt,
wen will ich jetzt,
wenn nicht dich,
wie will ich dich,
wenn nicht wie immer?

Der Morgen bezahlt

Der Morgen bezahlt immer die Nacht,
und alles was da so los war,
Erinnerungen manchmal fern,
zäh der Brei im Kopf.

Der Morgen bezahlt immer,
was die Nacht vergaß zu geben,
wie konnte das passieren,
warum ist es geschehen?

Der Morgen bezahlt den Rest,
manchmal auch für immer,
viel zu viel dabei verpasst,
weiß nicht, was glücklich macht.

Verschiedene Küsse

Ich küsse deinen Mund,
weil ich dich liebe.

Ich küsse deine geschlossenen Augen,
weil ich Sehnsucht nach dir habe.

Ich küsse deinen Hals,
weil ich dich jetzt will.

Wieder in deinen Armen

Wieder in deinen Armen,
ist so wunderschön,
wieder bei dir sein,
ist das Schönste,
dich riechen, dich fühlen,
unendlich wunderbar.

Mein Leben

Lebe in meiner Welt,
voller tiefer Gefühle
und praktischer Gewohnheiten,
will jetzt ausbrechen
und mich aufmachen,
etwas Neues zu erfahren,
wozu ich meine Höhle verlassen muss,
wovor ich Angst habe,
aber ich freue mich auch drauf,
wissend, alles hat seinen Sinn,
und es wird mir Schönes bringen,
darum lass ich mich darauf ein.

Sie hören nicht auf

Mit Küssen streichelst du mich,
berührst mein Herz ganz sanft,
deine Augen sprechen zu mir,
sprechen stumm von Liebe,
von unserer wunderbaren Liebe,
und sie hören nie auf zu reden.

Lasse mich auf nichts mehr ein

Für mich wird es keine größere Liebe mehr geben,
als die, die ich mit dir erleben darf,
und es wird die letzte Liebe sein für mich,
das weiß ich genau, danach ist Schluss,
so oder so wird es ein Ende haben,
lasse mich auf nichts mehr ein.

Nichts hält mich mehr

Im Dunkel des Waldes stehen die Schatten still,
können meine tiefe Trauer einfach spüren,
bewegungslos und still erwarte ich das Ende,
stehe so hier auf dem Friedhof,
und betrachte lange die Grabsteine,
eine eisige Kälte durchfährt mich langsam,
ein Gefühl der Leere und des Todes in mir,
meine Gedanken sind klar und rein,
weiß jetzt endlich ganz genau,
dass ich nachhause geholt werde,
ich werde ergriffen,
von einer unsichtbaren Hand,
und bin bald drüben,
denn hier ist nichts mehr,
was mich jetzt noch hält.

Was haben wir gemacht?

Liebe in der Nacht,
du hast mich heiß gemacht,
und um den Schlaf gebracht,
wir haben viel gelacht,
haben wieder durchgemacht,
und unser Feuer entfacht,
sind um den Verstand gebracht,
am nächsten Morgen aufgewacht,
fragen uns, was haben wir gemacht?

Wenn ich sage...

Wenn ich sage,
ich liebe dich,
meine ich,
ich liebe dich,
denke ich,
ich liebe ich,
fühle ich,
ich liebe dich,
weiß ich,
ich liebe dich,
und sage nochmal,
ich liebe dich.

Mal wieder nur ein Traum

In der Nacht komm ich zu dir,
mein Herz, das sagt es mir,
spricht mit voller Kehle,
tief aus meiner Seele,
ich will nur bei dir sein,
ich bin dein und du bist mein,
wir werden viele schöne Dinge tun,
die ganze Nacht nicht ruhn,
dann zieht Nebel in das Zimmer,
Gedanken werden immer schlimmer,
sind doch nicht in einem Raum,
er war mal wieder nur ein Traum.

Werde das nicht tun

Ist es schon wieder so weit,
ich kann es nicht glauben,
schon wieder am Ende,
steh auf mach weiter,
gib nicht auf,
denn das kann es nicht sein,
auch wenn's die hunderste Niederlage ist,
welchen Kopf in welchen Sand stecken,
und warum, und für wen, und wozu,
immer weiter gehen, immer weiter gehen,
viel gemacht, alles erlebt,
wenigstens fast alles,
nur aufgeben nicht,
bis zum letzten Atemzug,
werde ich das auch nicht tun.

Du bist etwas ganz Besonderes

Mit dir ist es zu jeder Zeit schön,
du lässt mich schweben,
du verführst mich,
wenn du bloß in meiner Nähe bist,
bist Sex auf zwei Beinen,
dein Sein, deine Bewegung,
alles macht mich an,
Kleinigkeiten beobachte ich,
erfreue mich daran,
sie machen den Unterschied,
die Unverwechselbarkeit,
du bist etwas ganz Besonderes.

Endlich gefunden

Ich bin sehr glücklich,
denn ich hab dich gefunden,
den wundervollsten Menschen,
den es zu finden gab,
und zwar ohne danach zu suchen,
liefen wir uns über den Weg,
lassen uns nicht mehr los.

Im Schatten der Zeit

Versunken in den tiefen der Zeit,
bin ich zu allem bereit,
warum nicht,
frage ich dich,
und bekomme keine Antwort,
nur einen unsicheren Blick,
der mir nichts nützt,
denn ich weiß, was ich weiß,
ich bin eigentlich allein,
das ist mein Schicksal,
und das wird es immer sein,
keiner kann mir helfen,
die wenigstens könnten es,
doch ich denke klar,
wozu bin ich da,
im Schatten der Zeit,
bin ich zu allem bereit.

Den letzten Kuss spüren

Ich spüre noch deinen letzten Kuss,
auf meinen Lippen brennen,
wie lange ist es her,
wann werden wir uns wieder küssen?

Durchzechte Nächte

Ich mag die durchzechten Nächte,
an die ich mich nicht erinnere,
mit den Menschen,
die ich niemals vergessen werde.

Wenn ich an dich denke

Wenn ich an dich denke,
muss ich lächeln,
weil ich glücklich mit dir bin,
wenn ich an dich denke,
werde ich oft geil,
weil ich weiß,
wie schön es mit dir ist,
wenn ich an dich denke,
geht es mir wieder gut,
so gut wie schon ganz lange nicht mehr.

Zusammen sind wir eins

Nimm mich in den Arm und halt mich fest,
ich brauche das jetzt sehr, von dir,
deine Nähe ist mir wichtig,
von dir bin ich verzückt,
nach dir bin ich verrückt,
deine Blicke umarmen mich,
mein Herz spielt die Melodie,
die das deine spielt,
zusammen sind wir eins.

Küssen streicheln reden

Küsst man nicht so,
wie man geküsst werden will,
streichelt man nicht so,
wie man gestreichelt werden will,
redet man nicht so,
wie mit einem geredet werden soll?

Wie du mich verzauberst

Als Gott dich schuf,

ist ihm ein besonderes Kunstwerk gelungen,

von dir geht ein Funkeln aus,

wie beim Abendrot,

dass den nächsten schönen Tag ankündigt,

du bist wie eine schöne Blume,

die niemals verblüht,

mich durchläuft ein Schauder der Fantasie,

wenn du mich mit deinem Antlitz verzauberst.

Woran denkst du?

Gedanken an dich,
bei geschlossenen Augen,
in meinem Herz wohnt Freude,
doch Küsse versprechen nichts,
wieder ein Tag ohne dich,
grau, dunkel, schwarz, leer,
die Sehnsucht sagt,
alles was wichtig ist,
keine Sehnsucht, keine Liebe,
man denkt immer daran,
was man am meisten liebt,
du Diebin meines Herzens,
ich denk an dich,
doch woran denkst du?

Sterne von Himmel holen

Ich hab das Licht gefunden,
du bist die Sonne,
die mein Herz erwärmt,
bist meine Liebesdienerin,
wie ich dein diener bin,
gemeinsam gehen wir uns,
die Sterne vom Himmel holen,
ich liebe dich.

Dass es dich gibt

In meinem Herzen ist nur Platz für dich,
verzaubert bin ich von deinem Dasein,
dass ich dich noch gefunden habe,
ist das größte Glück für mich,
deine wohltuende Nähe ist mir wichtig,
nie mehr möchte ich ohne dich sein,
ich danke dir, dass es dich gibt.

Billard spielen

Die bunten Bälle,
rasen über den Tisch,
die Spannung steigt,
Technik oder Glück,
wer kann es unterscheiden,
mal hart, mal weich,
Bande, Stoß und Loch,
immer wieder, immer besser.

Das Erlebte

Freue dich über das Erlebte,

es war schön,

wenn es auch nur kurz war,

weine nicht wenn es zu Ende ist,

es ändert nichts und zieht dich nur runter.

Wenn ich ankomme

Kilometer um Kilometer,
Fuß vor Fuß,
Stein um Stein,
ich gehe endlos weiter,
ohne ein genaues Ziel,
irgendwann werde ich ankommen,
Tage ziehen vorbei,
Nächte, endlos kalt,
immer geradeaus,
bleibe nicht stehen,
und finde mich,
wenn ich ankomme.

Siehe auch:

Thomas Inselmann – einfach mal offline, ISBN: **9783754329702**